Approuvé par décision ministériell

CHEMINS DE FER DE L'EST.

RÈGLEMENT

RELATIF

A LA CIRCULATION ET A LA COMPOSITION

DES TRAINS.

TIRAGE DU

PARIS

IMPRIMERIE ADMINISTRATIVE DE PAUL DUPONT

41, Rue Jean-Jacques-Rousseau, 41.

1873

(1875)

CHEMINS DE FER DE L'EST

RÈGLEMENT

RELATIF

A LA CIRCULATION ET A LA COMPOSITION

DES TRAINS

TIRAGE DU _____ 1873

249

PARIS

IMPRIMERIE ADMINISTRATIVE DE PAUL DUPONT

41, rue Jean-Jacques-Rousseau, 41

1873

1874

RÈGLEMENT

RELATIF A LA COMPOSITION ET A LA CIRCULATION DES TRAINS.

SOMMAIRE

CHEMINS DE FER DE L'EST

RÈGLEMENT

RELATIF

A LA COMPOSITION ET A LA CIRCULATION

DES TRAINS

Le présent Règlement annule et remplace les Circulaires, Instructions et Ordres antérieurs au

Il donne, avec le Règlement de la voie unique, approuvé le 4 juin 1861 par M. le Ministre des Travaux publics, l'ensemble des prescriptions à suivre pour la composition et la circulation des trains sur tout le réseau des chemins de fer de l'Est.

CHAPITRE PREMIER.

COMPOSITION DES TRAINS.

ARTICLE PREMIER.

§ **1ᵉʳ. — Prescriptions communes à tous les trains**. — Les machines locomotives doivent toujours être placées en tête des trains.

Il ne peut être dérogé à cette disposition que dans les cas suivants :

A. — Lorsqu'une machine est jugée nécessaire entre deux stations pour franchir une rampe située entre ces deux stations.

B. — Cas de secours à donner aux trains de toute nature.

C. — Manœuvres à effectuer, soit dans le voisinage des stations, soit dans les stations mêmes.

D. — Distribution et reprise de matériel aux embranchements particuliers situés en dehors des gares.

E. — Circulation des trains de balast et de matériaux.

Dans ces cas divers on devra se conformer strictement aux prescriptions du § 1er de l'article 58 du présent Règlement.

ARTICLE 2.

Les machines placées en tête des trains doivent être attelées la cheminée tournée en avant. Elles ne peuvent circuler tender en avant, que dans les cas particuliers ci-après (voir art. 58):

A. — Services des trains réguliers de trente kilomètres au plus de parcours.

B. — Renfort aux trains de marchandises.

C. — Secours d'un train en détresse.

D. — Manœuvres dans les gares ou dans le voisinage des gares.

E. — Distribution et reprise de matériel

aux embranchements particuliers situés en dehors des gares.

F. — Balastâge et transport de matériaux pour le Service des Travaux.

G. — Circulation des machines isolées.

H. — Les machines d'adjonction peuvent d'ailleurs circuler tender en avant, quels que soient la nature et le parcours des trains, lorsqu'elles sont placées entre la machine du train et le fourgon de tête.

ARTICLE 3.

Le nombre des véhicules, celui des freins, la position de ces derniers dans les trains, sont déterminés dans les instructions ci-après spéciales à chaque espèce de train.

ARTICLE 4.

Il est interdit aux agents de l'Exploitation de s'introduire entre les wagons qu'ils ont à atteler ou à décrocher, avant l'arrêt complet du train ou de la locomotive.

Toutefois lorsqu'il s'agit de réunir un ou plusieurs wagons en stationnement à d'autres wagons en mouvement, l'agent chargé de l'accrochage peut se placer entre les tampons du premier wagon immobile et y attendre les wagons en mouvement ; mais alors il ne doit quitter cette position qu'après l'arrêt complet de tous les véhicules.

ARTICLE 5.

Dans tous les trains de l'Exploitation, le wagon d'avant doit être disposé de manière à recevoir la corde qui met en mouvement la cloche du tender et établit la communication réglementaire entre le mécanicien et le conducteur de tête.

ARTICLE 6.

La dernière voiture d'un train doit être disposée de telle sorte que les signaux réglementaires d'arrière puissent y être placés, ou être aperçus, s'ils sont placés en partie sur l'une des dernières voitures.

1.

ARTICLE 7.

§ 2. — Composition des Trains de voyageurs. — Les trains de voyageurs ne doivent être remorqués que par une seule locomotive, sauf les cas où l'emploi d'une machine de renfort deviendrait nécessaire, soit pour la montée d'une rampe, soit par suite d'une affluence extraordinaire de voyageurs, de l'état de l'atmosphère, d'un accident, ou de tout autre cas analogue ou spécial.

L'adjonction d'une deuxième locomotive est également autorisée pour le renvoi des machines de renfort et de secours à leurs dépôts, ou pour leur répartition entre les divers dépôts de la ligne.

Il est, dans tous les cas, interdit d'atteler simultanément plus de deux locomotives à un train de voyageurs.

L'attelage d'une troisième machine ne peut être autorisé que dans le cas où un train attelé de deux machines aurait besoin d'être secouru.

ARTICLE 8.

Il doit toujours y avoir en tête de chaque train, entre le tender et la première voiture de voyageurs, autant de véhicules ne portant pas de voyageurs qu'il y a de locomotives attelées.

Il n'est fait exception à la règle qui précède que dans les deux cas suivants :

1° Si l'addition d'une seconde machine en tête du train est *nécessitée en route* par un retard, un accident, ou pour la montée d'une rampe.

2° Si l'addition d'une deuxième machine est nécessaire pour la remorque d'un train de troupes.

Dans ces deux cas, il suffit que les machines soient séparées des voyageurs par *un seul fourgon ou une seule voiture* ne contenant pas de voyageurs.

ARTICLE 9.

Les véhicules munis de ressorts de choc et de ressorts de traction peuvent seuls être admis dans les trains de voyageurs.

Toutefois, des wagons à traction rigide et à tampons secs peuvent être attelés accidentellement aux trains de voyageurs, mais à la condition que chacun de ces wagons se trouve compris entre deux wagons pourvus de ressorts de choc et de traction.

L'attelage des véhicules doit être fait de telle sorte que les tampons à ressort soient toujours en contact.

ARTICLE 10.

Un compartiment de chacune des classes que comporte le train sera réservé pour les dames voyageant seules, dans chacun des trains des sections ci-après :

Paris à Avricourt.

Epernay à Reims.

Reims à Laon.

Reims à Soissons.

Reims à Charleville.

Charleville à Givet.

Charleville à Audun-le-Roman.

Châlons à Reims.

Châlons à la frontière vers Metz (par Verdun).

Blesme à Chaumont.

Nançy à Gray (par Epinal).

Nancy à Chaumont (par Neufchâteau).

Paris à Belfort.

Gretz à Coulommiers.

Troyes à Chaumont (par Châtillon).

Il est interdit de composer un train de voyageurs à plus de vingt-quatre voitures

Il n'est fait exception que pour les trains de troupes qui, marchant à des vitesses inférieures aux vitesses ordinaires des trains de voyageurs, peuvent toujours être composés de *trente* voitures ou wagons, ou même de *quarante* voitures ou wagons, lorsque la vitesse ne dépasse pas 30 kilomètres à l'heure.

ARTICLE 11.

Il est interdit d'admettre dans les trains de voyageurs aucun wagon chargé soit de matières pouvant donner lieu à des explosions ou à des incendies (poudres et munitions de guerre, fulminate, fulmi-coton, artifices, etc. (voir article 37 à 40), soit de rails et de longues pièces de bois.

ARTICLE 12.

Les wagons de bestiaux, pour être admis dans les trains de voyageurs, doivent être de construction solide, fermés aux deux bouts et entourés sur les côtés par une cloison élevée.

Ces wagons seront indifféremment attelés en tête ou en queue des trains, sous la seule réserve qu'ils ne contiendront pas d'animaux d'une odeur insupportable, auquel cas ils **devront toujours être en queue.**

ARTICLE 13.

Il est interdit d'admettre dans les trains de voyageurs les objets ou marchandises ci-après désignés :

Le noir animal, les fûts de sang, les cuirs verts et autres matières infectes.

ARTICLE 14.

§ 3. — Composition des Trains de Marchandises. — Le nombre de wagons dont peuvent être composés les trains de marchandises n'excède jamais 80 ; il est déterminé selon la puissance des machines et le profil des diverses sections du réseau.

ARTICLE 15.

Les gendarmes et les douaniers d'escorte prennent place dans le fourgon du conducteur d'avant.

Il en est de même des toucheurs de bestiaux lorsque leur nombre n'excède pas dix ;

mais, lorsqu'ils sont plus de dix, on leur affecte une voiture de 3ᵉ classe qui doit être placée vers l'arrière du train et suivie de quatre wagons à marchandises au moins.

Toutefois, dans le cas où les gares de départ ne seraient pas pourvues de voitures, ou n'auraient pas été prévenues vingt-quatre heures au moins à l'avance, cette dernière prescription n'est applicable qu'à partir du point où le train trouve une voiture disponible.

ARTICLE 16.

§ 4. — Composition des Trains Mixtes. — En règle générale les trains mixtes, comme les trains de voyageurs, ne doivent pas être composés de plus de 24 voitures. Toutefois, les trains mixtes dont la vitesse de marche n'est pas calculée à plus de 40 kilomètres à l'heure peuvent avoir leur composition portée à 30 voitures ou wagons.

ARTICLE 17.

Il est interdit de faire entrer des wagons à traction rigide et à tampons secs dans les trains mixtes, à moins qu'ils ne soient séparés des voitures contenant des voyageurs par un wagon muni de ressorts de choc et de traction s'ils sont isolés, et par trois wagons munis de ressorts de choc et de traction s'ils forment un groupe de deux ou plus.

ARTICLE 18.

L'admission des wagons chargés de rails est autorisée dans les trains mixtes aux conditions suivantes :

1° Les rails seront chargés sur des plates-formes à rebords suffisamment relevés pour s'opposer à leur chute.

2° Les wagons chargés de rails seront séparés des voitures contenant des voyageurs par un ou plusieurs wagons ne contenant pas de voyageurs.

ARTICLE 19.

L'admission des wagons chargés de longues barres de fer ou de longues pièces de bois n'est autorisée dans les trains mixtes que sur les parties du réseau où il n'existe pas de trains réguliers de marchandises et sous les réserves suivantes :

1° Les wagons chargés de barres de fer de longue dimension seront séparés des voitures à voyageurs par un ou plusieurs wagons ne contenant pas de voyageurs, et placés en queue des trains, c'est-à-dire après les voitures à voyageurs.

2° Les wagons chargés de longues pièces de bois seront séparés des voitures à voyageurs par un ou plusieurs wagons ne contenant pas de voyageurs.

ARTICLE 20.

Dans les mêmes circonstances, c'est-à-dire *sur les parties du réseau où il n'existe pas de trains réguliers de marchandises*, les wagons chargés de noir animal, de fûts de sang, de cuirs verts ou de toutes autres matières analogues peuvent entrer dans la composition des trains mixtes, pourvu qu'ils soient placés à l'arrière des voitures contenant des voyageurs, et séparés de ces voitures par un ou plusieurs wagons ne contenant pas de voyageurs.

ARTICLE 21.

Les wagons de bestiaux sont admis dans tous les trains mixtes. Ils seront indifféremment attelés en tête ou en queue, sous la réserve qu'ils ne contiendront pas d'animaux d'une odeur insupportable, auquel cas ils devront toujours être en queue.

ARTICLE 22.

§ 5. — Composition des trains de marchandises comprenant des voitures à Voyageurs. — Les trains de marchandises dans lesquels la Compagnie est autorisée à admettre des voyageurs sur tout ou partie de leur parcours conservent, au double point de vue de la composition et de la charge, leur caractère spécial de trains de marchandises.

Sur les parties de leur parcours où ils transportent des voyageurs, il est toutefois interdit d'admettre dans ces trains les poudres ou les munitions de guerre confectionnées, les fulminates, fulmi-coton et artifices.

ARTICLE 23.

Dans les trains de marchandises transportant des voyageurs, les wagons chargés de noir animal, de fûts de sang, de cuirs verts ou autres matières analogues, de rails, de barres de fer ou de pièces de bois de longue dimension, doivent toujours être séparés des voitures à voyageurs par une ou plusieurs voitures ou wagons ne contenant pas de voyageurs.

ARTICLE 24.

§ 6. — Du nombre et de la position des freins dans les trains. —

Le nombre minimum des freins à placer dans les trains est fixé conformément aux indications du tableau ci-dessous, suivant les différents profils du réseau (1) ; il doit être le même pour la montée des rampes que pour leur descente : il n'est jamais inférieur à deux.

(1) Le réseau de l'Est a été divisé en profils types désignés par des lettres et correspondant à des inclinaisons de la voie dans des limites déterminées.

Le profil **A** correspond à une voie en pallier, en pente, ou avec des rampes de 3 m/m par metre et rampes courtes de 4 m/m par mètre.

Le profil **B** contient des rampes continues depuis 3 m/m par mètre jusqu'à des rampes courtes de 6 m/m.

Le profil **C** correspond à une voie en rampe de 5. Le profil **D** renferme des inclinaisons comprises entre 6 et 7 m/m par mètre ; le profil **E** entre 8 et 9 m/m ; le profil **F** jusqu'à 11 m/m, en moyenne 10 m/m par mètre. Le profil **G** contient des rampes de 12 m/m et même de 13 m/m ; le profil **H** des rampes de 14 et de 15 ; le profil **I** de 15 à 18 ; le profil **K** de 16 à 20 ; le profil **L** des rampes de 20 jusqu'à 26 m/m par mètre.

NATURE des Trains.	LIGNES classées dans les profils.	NOMBRE DE FREINS.		
Trains de voyageurs.	A, B, C, D, E.	1 Frein pour 8 véhicules.		
	F, G, H.	1 do 6 do		
	I, K, L.	1 do 3 do		
Trains mixtes.	A, B, C, D, E.	1 Frein pour 10 unités de charge.[1]		
	F, G, H.	1 do 5 do		
	I, K.	1 do 3 do		
	L.	1 do 2 do		
Trains de marchandises avec ou sans voyageurs.	A, B, C.	1 Frein pour 25 unités de charge.		
	D, E.	1 do 15 do		
	F, G.	1 do 10 do		
	H.	1 do 8 do		
	I.	1 do 5 do		
	K.	1 do 3 do		
	L.	1 do 2 do		

ARTICLE 25.

Les nombres de freins fixés au tableau ci-dessus pour les trains de voyageurs ne sont susceptibles d'aucune réduction.

Pour les trains mixtes et de marchandises, les nombres de freins fixés ci-dessus doivent être rigoureusement observés, lorsque les

[1] L'unité de charge vaut 10 tonnes.

véhicules à frein sont vides ou lorsqu'ils ne contiennent que des marchandises à décharger en cours de route ; mais si ces véhicules renferment du lest ou des marchandises transitant d'une gare de relai ou de débranchement à une autre gare de relai ou de débranchement, les nombres exigés au tableau peuvent être réduits, cinq tonnes de charge sur un ou plusieurs wagons-frein remplaçant un wagon-frein vide.

ARTICLE 26.

Le nombre de véhicules à frein placés dans un train mixte ou de marchandises ne doit jamais être, quelle que soit leur charge, inférieur à la moitié du nombre de freins indiqué au tableau précédent.

Cependant, si la machine ou l'une des machines du train est attelée en queue du train, deux wagons à frein suffisent, quels que soient la charge de ce train et le profil qu'il parcourt.

ARTICLE 27.

Sur toutes les sections du réseau, il doit toujours y avoir un frein sur l'une des cinq dernières voitures de chaque train.

Mais sur les sections où la rampe excède cinq millimètres et jusqu'à dix millimètres par mètre, quel que soit d'ailleurs le nombre des freins entrant dans la composition d'un train, l'un des freins doit toujours être placé parmi l'un des deux derniers véhicules, afin de prévenir le recul des wagons ou voitures en cas de ruptue d'attelages.

Sur les sections à pentes ou rampes dépassant dix millimètres, l'un des freins doit être placé en queue, comme dernier véhicule du train.

Il n'est fait exception à cette règle que si l'on doit retourner sur un atelier de réparation un wagon dont les attelages sont brisés d'un côté. Dans ce cas, ce wagon pourra être attelé derrière le dernier frein, mais vide.

Article 28.

S'il entre plus de deux freins dans la composition d'un train, il doit y en avoir au moins deux dans le dernier tiers du train.

Dans aucun cas, on ne doit placer à la suite l'un de l'autre plus de deux véhicules munis de freins devant fonctionner simultanément.

Article 29.

§ 7. — Dispositions spéciales au transport des poudres et munitions de guerre. — On devra se conformer, pour le transport des poudres de guerre, de mine ou de chasse, et des munitions de guerre, aux formalités prescrites par les Règlements ministériels, formalités qui, en ce qui conserne la composition des trains, sont les suivantes :

Article 30.

Les poudres de guerre, de mine ou de chasse et les munitions de guerre ne peuvent être transportées que par les trains de marchandises ne comprenant aucun wagon de voyageurs.

Par exception, le transport des munitions inflammables, qui se trouvent dans les cartouchières de la troupe ou qui sont chargées dans des caissons militaires, pourra avoir lieu avec les trains militaires spéciaux affectés au transport des troupes.

ARTICLE 31.

Les barils ou caisses de poudre sont chargés sur des wagons couverts et fermés, à panneaux pleins, munis de ressorts de choc, et ne contenant aucune autre espèce de marchandises. Les barils de poudre doivent être couchés dans les wagons, fortement calés avec du bois et non placés debout sur l'un des fonds.

ARTICLE 32.

Lorsqu'un wagon sert au transport de la poudre, son plancher doit être couvert d'un prélart imperméable, de manière à prévenir le tamisage sur la voie.

Il doit porter une inscription extérieure indiquant la nature de son chargement.

Article 33.

On doit employer de préférence, pour le transport des poudres, des wagons sans frein. Lorsqu'on fait usage des wagons à frein, on doit se conformer aux prescriptions suivantes :

1° Il est interdit de faire usage du frein ;

2° Les surfaces des ferrures des axes ou leviers de transmission du mouvement, qui pourraient être apparentes dans les wagons, doivent être soigneusement recouvertes d'étoffe ou enveloppées dans des manchons en bois.

L'emploi des wagons munis de freins à main n'est pas défendu ; il est seulement interdit de faire usage des freins, le wagon chargé de poudre ne devant être accessible à aucun agent du train.

ARTICLE 34.

La charge d'un wagon de poudre, y compris les emballages, est limitée à 5,000 kilogrammes.

Un train ne pourra pas recevoir plus de dix wagons de poudre ou de dynamite.

En conséquence, toute expédition exigeant l'emploi de plus de dix wagons sera divisée en deux ou plusieurs trains.

ARTICLE 35.

Les wagons chargés de poudre sont placés à l'extrémité du train opposé à la locomotive ; ils doivent toujours être précédés et suivis de trois wagons non chargés de poudre ou de fulminates.

Dans les manœuvres de gare pour la composition et la décomposition des trains, les wagons chargés de poudre pourront être manœuvrés à l'aide de machines-locomotives, à la condition qu'ils seront séparés de ces machines par trois wagons au moins ne renfermant aucune matière explosible ou facilement inflammable. Ces manœuvres s'effectueront, d'ailleurs, avec une vitesse qui ne dépassera pas celle d'un homme marchant au pas; elles seront commandées par un agent qui en aura la responsabilité, Les manœuvres par lancement sont interdites pour ces wagons.

Les trains de marchandises contenant des wagons chargés de poudre et de fulminates peuvent être remorqués, dans le cas où ce mode d'attelage est autorisé pour les trains de marchandises ordinaires, par deux machines placées, l'une à l'avant, l'autre à l'arrière.

ARTICLE 36.

L'escorte préposée à la garde des poudres prend place dans un fourgon avec les conducteurs du train.

Il lui est formellement interdit, ainsi qu'aux agents du train, de monter, pendant le trajet, sur les wagons chargés de poudre.

(Pour le surplus des prescriptions relatives au transport des poudres, voir le Règlement sur la matière en date du 25 juillet 1873.

ARTICLE 37.

§ 8. — **Dispositions spéciales au transport de la dynamite.**— Il est interditd'admettre la dynamite dans les trains portant des voyageurs. Cette matière ne peut être transportée que par les trains de marchandises ne comprenant aucun wagon chargé de voyageurs.

ARTICLE 38.

Les caisses ou barils seront chargés dans des wagons couverts et fermés, à panneaux pleins, munis de ressorts de choc.

Les barils seront couchés dans les vagons et non placés debout sur l'un des fonds; ils devront être posés et maintenus avec le plus grand soin, de façon à éviter tout choc, soit

au moment du chargement, soit au moment
du déchargement, soit en cours de route.

Ils ne devront jamais être recouverts par
d'autres colis.

ARTICLE 39.

Lorsqu'un wagon servira au transport de
la dynamite, son plancher devra être recou-
vert d'un prélart imperméable, de manière
à prévenir le tamisage sur la voie.

ARTICLE 40.

Il est interdit de faire usage, pour le transport de la dynamite, de wagons armés de
freins.

Toutefois, les wagons à frein pourront être
employés, en cas de besoin, sous les réserves
suivantes :

1° Il est interdit de faire usage du frein;

2° Les surfaces des ferrures des axes ou
leviers de transmission, qui pourraient être
apparentes dans les wagons, seront soigneu-

sement recouvertes d'étoffe ou enveloppées dans des manchons en bois.

L'emploi des wagons munis de freins à main n'est pas défendu ; il est seulement interdit de faire usage des freins, le wagon chargé de dynamite ne devant être accessible à aucun agent du train.

ARTICLE 41.

La charge maxima d'un wagon contenant de la dynamite ne dépassera pas 3,000 kilogrammes. Ce wagon ne devra recevoir aucune autre marchandise.

ARTICLE 42.

Il n'entrera pas plus de dix wagons chargés de dynamite ou de poudre dans la composition d'un train. Ces wagons porteront une inscription spéciale. Ils devront être placés vers le milieu du train. Tout train portant de la dynamite ne devra pas recevoir de fulminates.

Article 43.

Les wagons chargés de dynamite ne pourront être manœuvrés au moyen de machines locomotives qu'a la condition qu'ils en soient séparés par trois wagons au moins ne renfermant aucune matière explosible ou facilement inflammable. Les manœuvres devront s'effectuer, d'ailleurs, avec une vitesse ne dépassant pas celle d'un homme marchant au pas. Les manœuvres par lancement sont interdites pour ces wagons.

Article 44.

Il est interdit de faire stationner sous les halles couvertes les wagons chargés de dynamite, ainsi que de les décharger sur les quais.

Article 45.

Les prescriptions de l'article 36, relatives à l'escorte des convois de poudres et munitions de guerre s'appliquent aussi aux transports de dynamite.

(Pour le surplus des prescriptions relatives

au transport de la dynamite, voir le Règle-
ment sur la matière en date du 20 août 1873.)

ARTICLE 46.

§ 9. — Dispositions spéciales au transport des matières explosibles ou inflammables, autres que les poudres, les munitions de guerre et la dynamite. — Les matières explosibles ou inflammables, autres que les poudres, les munitions de guerre et la dynamite, sont classées, au point de vue des précautions à prendre pour leur transport, en quatre catégories.

ARTICLE 47.

PREMIÈRE CATÉGORIE. — Fulminates, — fulmi-coton, — artifices.

Les dispositions prescrites aux articles 2, 3, 4, 5 et 6 du Règlement du 25 juillet 1873, pour l'emballage et le chargement des poudres et des munitions de guerre, sont applicables aux fulminates et au fulmi-coton.

En ce qui concerne les artifices : 1° Les pièces de faible dimension doivent être emballées dans des caisses en planches de un centimètre au moins d'épaisseur ; 2° les pièces de grande dimension doivent être fixées avec soin contre les parois des wagons et isolées. On ne doit admettre aucune autre matière explosible ou facilement inflammable dans le wagon contenant des artifices.

Le transport des fulminates, fulmi-coton et artifices ne peut, dans aucun cas, être effectué par des trains transportant des voyageurs. Il est assimilé au transport des poudres et munitions de guerre, et soumis à toutes les prescriptions du Règlement du 25 juillet 1873 (voir article 29 du présent Règlement).

ARTICLE 48.

2° CATÉGORIE. — Capsules, — allumettes chimiques, — chlorates, — phosphore, — éther, — collodion, —

sulfure de carbone, — benzine, — huiles essentielles extraites par distillation du pétrole, des schistes bitumeux ou du goudron de houille, — huiles ordinaires de pétrole, de schiste ou de goudron de houille quand elles sont contenues dans des touries en verre ou en grès.

Toutes les matières ci-dessus désignées devront être chargées dans des wagons couverts et à panneaux pleins. Elles ne devront être acceptées qu'autant que les emballages rempliront les conditions suivantes :

1° **Capsules.** — Emballage dans des sacs, et les sacs dans des caisses en planches de un centimètre au moins d'épaisseur.

2° **Allumettes chimiques, chlorates.** — Emballage dans des caisses en planches de un centimètre au moins d'épaisseur.

3° **Phosphore.** — Emballage dans des

vases à parois non fragiles, étanches et remplis d'eau.

4° Ether, collodion, sulfure de carbone, benzine et huiles minérales comprises dans la 2ᵉ catégorie. — Emballage dans des vases métalliques bien fermés, dans des fûts cerclés en fer, ou dans des touries en verre ou en grès soigneusement emballées.

Ces matières pourront être admises dans les trains mixtes aux conditions suivantes :

A. — Les wagons dans lesquels elles seront chargées, devront être séparés des voitures à voyageurs par trois véhicules au moins ne contenant pas de matières facilement inflammables, qu'ils soient placés à l'avant ou à l'arrière des voitures portant des voyageurs.

B. — Ils devront être séparés de la machine par deux wagons au moins ne contenant pas de matières inflammables.

ARTICLE 49.

3ᵉ CATÉGORIE. — Pailles, — foins, — coton, — chiffons gras, — résines, — brai sec, — goudron, — pétroles et huiles minérales dans des fûts de bois.

Les matières comprises dans cette catégorie, lorsqu'elles sont transportées sur des wagons plats ou découverts, doivent être bâchées de telle sorte que la surface supérieure au moins du chargement soit couverte.

Les chiffons gras, les pétroles et les huiles minérales doivent, dans tous les cas, être bâchés complétement et de manière à ne laisser aucun intervalle par lequel une escarbille puisse pénétrer.

Les wagons contenant des matières de la 3ᵉ catégorie peuvent être admis dans les trains mixtes aux conditions suivantes :

Si ce sont des wagons couverts et à panneaux pleins, ils peuvent occuper dans le train une place quelconque.

Si ce sont des wagons découverts ou à panneaux mobiles, ils doivent être séparés des voitures portant des voyageurs par trois véhicules au moins ne contenant pas de matières facilement inflammables, lorsqu'ils sont placés à l'avant des voitures à voyageurs, et par un véhicule au moins lorsqu'ils sont placés à l'arrière de ces voitures.

ARTICLE 50.

4ᵉ CATÉGORIE. — Bois de toute nature, — charbons de bois, — huiles végétales, — pétrole et huiles minérales en vases métalliques, — alcool, — essence de térébenthine, et, en général, toutes les matières plus ou moins inflammables non dénommées dans les trois premières catégories.

Les matières de la 4ᵉ catégorie ne sont assujetties à aucune condition spéciale de chargement. Les vases métalliques contenant les liquides inflammables sont refusés s'ils ne sont pas hermétiquement bouchés et complétement étanches.

Les wagons contenant ces matières peuvent être admis dans tous les trains portant des voyageurs. Ils peuvent occuper dans les trains une place quelconque si ce sont des wagons couverts et à panneaux pleins ; ils doivent être séparés des voitures contenant des voyageurs par un véhicule ne contenant pas de matières facilement inflammables, si ce sont des wagons découverts, ou des wagons couverts et à panneaux mobiles.

ARTICLE 51.

Les trains de marchandises dans lesquels se trouvent des gendarmes, des militaires ou douaniers d'escorte, des conducteurs de bestiaux, ne sont pas considérés comme trains transportant des voyageurs. Ils conservent leur caractère de trains de marchandises.

CHAPITRE II.

CIRCULATION DES TRAINS.—RÈGLES COMMUNES AUX TRAINS CIRCULANT SUR LES SECTIONS A DOUBLE VOIE ET SUR LES SECTIONS A VOIE UNIQUE.

§ 1ᵉʳ. — Dispositions générales.

ARTICLE 52.

Toute machine appelée à desservir un train ou à circuler isolément est accompagnée d'un mécanicien et d'un chauffeur. Ce dernier doit être capable d'arrêter la machine en cas de besoin.

ARTICLE 53.

Chaque train doit en outre être accompagné d'autant de conducteurs qu'il est nécessaire pour assurer la manœuvre des freins, dont le nombre et la position sont déterminés au chapitre 1ᵉʳ § 6 du présent Règlement.

ARTICLE 54.

A chaque changement de service, des Tableaux de marche font connaître au personnel l'itinéraire des trains qui doivent ou peuvent être mis en circulation sur les diverses parties du réseau.

Aucun changement, aucune modification ne peuvent être apportés à la marche de ces trains sans un ordre du Directeur de la Compagnie, du Chef de l'Exploitation ou du Chef du Mouvement.

Les trains extraordinaires ne peuvent être mis en circulation sans un ordre du Directeur de la Compagnie, du Chef de l'Exploitation ou du Chef du Mouvement.

Toutefois, en cas d'urgence, et notamment pour les transports imprévus de troupes, les Inspecteurs principaux peuvent mettre des trains extraordinaires en marche dans leur section; ils doivent alors se concerter entre eux pour que ces trains n'éprouvent point d'arrêt à la limite des deux sections.

(Pour ce, qui concerne la mise en marche et la circulation des trains spéciaux de troupes, pendant la nuit, sur les lignes à double voie et à voie unique, voir le chapitre IV du présent Règlement.)

ARTICLE 55.

Règle générale, aucun train, aucune machine ne doivent partir d'une station avant qu'il se soit écoulé dix minutes depuis le départ ou le passage du train ou de la machine précédant, marchant dans le même sens.

Cet intervalle peut toutefois être réduit à cinq minutes, savoir :

1° Pour un train de voyageurs omnibus suivant un train de voyageurs direct, ou un train de marchandises succédant à un train de voyageurs ;

2° Pour un train de voyageurs ou de marchandises garé à une station intermédiaire pour laisser passer un train de voyageurs ou de marchandises qui ne s'y est pas arrêté.

Cet intervalle peut lui-même n'être que de deux minutes, savoir :

1° Lorsque deux trains qui se succèdent à une station d'embranchement doivent à peu de distance de cette station suivre chacun une direction différente ;

2° Lorsque la circulation des trains et des machines a lieu entre les gares de Paris et de La Villette, entre celles de La Villette et de Pantin, entre celles de Pantin et de Noisy-le-Sec, entre Charleville et Mohon, entre Châlons et Coolus, ainsi qu'entre les gares de Troyes (Est) et Troyes (Preize).

ARTICLE 56.

Sur tous les points du réseau et à toute heure, soit de jour, soit de nuit, toutes les dispositions doivent être prises comme si un train était attendu

Les voies principales doivent en conséquence *être constamment libres ou couvertes par des signaux*, sauf les passages à niveau, qui sont soumis à une réglementation spéciale.

ARTICLE 57.

Dans les stations, toutes manœuvres sur les voies principales, cinq minutes avant l'heure réglementaire de l'arrivée des trains, sont formellement interdites, à moins que ces trains ne soient en retard ; mais, dans ce cas encore, l'importance du retard doit être connue d'une manière précise.

ARTICLE 58.

En dehors des moments où il est nécessaire de les manœuvrer pour les besoins du service, les aiguilles placées sur les voies principales doivent être constamment maintenues dans leur position normale, c'est-à-dire dans la position assurant la continuité de la circulation sur la voie principale.

ARTICLE 59.

Les aiguilles prises en pointe sur les voies principales sont :

1° Les aiguilles de bifurcation des embranchements ;

2° Les aiguilles d'entrée et de sortie des voies de croisement sur les sections à voie unique ;

3° Les aiguilles conduisant à des balastières sur les sections à voie unique ;

4° Les aiguilles conduisant à des voies de garage et qui ont dû être posées exceptionnellement de manière à être prises en pointe, dans le sens normal de la marche des trains.

Les signaux indicateurs de la position des aiguilles sont manœuvrés par l'aiguille elle-même ; ils sont de deux sortes :

Les premiers, nommés *signaux réflecteurs*

à bras mobile, se composent de deux bras en

équerre munis de glaces et éclairés
la nuit par un feu blanc. Le bras placé hori-
zontalement indique toujours la voie qui est
ouverte ; c'est-à-dire que, si le bras hori-
zontal est à gauche du train qui se présente,
l'aiguille est faite pour aller à gauche ; si le
bras est à droite, l'aiguille est faite pour aller
à droite.

Les autres, nommés *signaux à flamme et
feu verts,* se composent d'une simple flamme
verte et d'une lanterne à deux feux, l'un
blanc et l'autre vert. La flamme effacée et le
feu blanc indiquent que c'est la voie directe
qui est ouverte. La flamme en travers et le
feu vert indiquent que c'est la voie déviée
qui est ouverte, et rappellent en même temps
que le train doit ralentir s'il doit s'engager
sur cette voie.

Des signaux réflecteurs à bras mobile sont placés aux aiguilles en pointe à la bifurcation de chaque embranchement, tant à l'aiguille prise en pointe sur la bifurcation elle-même qu'à celle posée sur la voie unique des embranchements, pour la relier avec les deux voies de bifurcation.

En arrivant à l'aiguille en pointe d'un embranchement, les mécaniciens doivent s'assurer de la position du bras mobile, et, dans le cas où ce bras indiquerait une fausse direction de l'aiguille, ils doivent répéter les coups de sifflet de direction, et au besoin s'arrêter, afin de permettre à l'aiguilleur de refaire l'aiguille.

Des signaux à flamme et feu verts sont placés aux autres aiguilles prises en pointe par la marche normale des trains, soit dans les gares et stations, soit en pleine voie, lorsque des travaux temporaires en exigent.

Par exception, l'une des deux aiguilles

conduisant aux voies perdues qui se terminent près du viaduc de Chaumont a été munie d'un signal réflecteur à bras mobile.

Dans cette position, ce signal a la même signification que ceux à flamme et feu verts, et a seulement pour but d'appeler d'une manière toute spéciale l'attention des mécaniciens sur la direction de cette aiguille.

ARTICLE 60.

Aussitôt après le coucher du soleil et jusqu'après le passage du dernier train, les stations et leurs abords doivent être éclairés.

Tous les signaux sont allumés pendant la même période. Ils sont également allumés le jour quand il y a du brouillard.

Les signaux des trains et les lampes intérieures des voitures doivent enfin être éclairés par tous les temps pour la traversée des souterrains indiqués ci-après :

Ligne de Paris a Strasbourg.

Le souterrain d'Armentières,
—   de Nanteuil,
—   de Chézy,
—   de Pagny,
—   de Foug.

Embranchement d'Épernay a Reims:

Le souterrain de Rilly.

Ligne de Paris a Mulhouse :

Le souterrain de Culmont,
—   de Torcenay,
—   de Grattery,
—   de Genevreuille,
—   de la Challière.

Ligne de Reims a Givet :

Le souterrain de Rethel,
—   Château-Regnault,
—   Monthermé,
—   Laifour,

— Revin,
— Fumay,
— Givet.

LIGNE DE CHARLEVILLE A THIONVILLE :

Le souterrain de Montmédy,
— Colmey,
— Vachemont,
— La Platinerie,

EMBRANCHEMENT DE LONGUYON A LONGWY :

Le souterrain de Montigny,
— La Roche.

---

§ 2. – Départ, Circulation,
Arrivée des trains et des machines.

ARTICLE 61.

Départ. — Avant le départ d'un train, le chef de gare et le conducteur chef du train doivent vérifier la composition du train; ils s'assurent :

1° Que ce train comprend le nombre réglementaire de voitures à frein, que les freins sont en bon état et peuvent manœuvrer facilement ;

2° Que les wagons sont réunis par les chaînes de sûreté et les barres d'attelage, et que celles-ci sont suffisamment serrées ;

3° Que les signaux d'arrière sont en place et prêts à être allumés, ou allumés en cas de nuit ou de brouillard.

4° Enfin, que chacun des conducteurs est à son poste et qu'il est muni de tous les objets nécessaires pour faire les signaux de jour et de nuit, savoir : d'un drapeau rouge, d'une lanterne à feu rouge, d'un briquet et d'une boîte à pétards.

Avant le départ, le chef de gare veille à ce que la communication réglementaire entre la machine et le fourgon conducteur d'avant soit assurée par la corde de la cloche du tender.

La même inspection se fait dans les gares où l'on change de machines et où le permet la durée de l'arrêt.

ARTICLE 62.

Aucun train ne doit partir d'une station avant l'heure fixée par les Tableaux, Livrets de marche et Ordres de service.

ARTICLE 63.

Il est en outre interdit :

1° Aux trains, de se mettre en marche avant d'avoir reçu le signal du départ, selon la forme réglementaire ;

2° Aux machines circulant isolément, de quitter une station avant d'avoir reçu l'ordre du chef de cette station.

ARTICLE 64.

Le signal du départ des trains dans les gares et les stations est donné dans l'ordre et de la manière ci-après :

1° Par le chef de la station ou son représentant au moyen de la cloche à main ou d'une cloche fixe spéciale ;

2° Par le conducteur d'avant, au moyen de la cloche du tender manœuvrée de l'intérieur du fourgon.

Ce n'est qu'après s'être assuré que le service est terminé que le chef de station doit donner ou faire donner par le coup de cloche avis au conducteur d'avant qu'on est en mesure de partir.

Ce signal doit être fait à une distance assez rapprochée de la machine pour qu'il puisse être à la fois entendu du mécanicien et du conducteur d'avant.

Le conducteur d'avant ne doit donner au mécanicien le signal du départ qu'après avoir entendu le coup de cloche de la station, et s'être à son tour assuré que le service du train est entièrement terminé.

ARTICLE 65.

Lorsque, pour une cause quelconque, un train est dans la nécessité de s'arrêter entre deux stations, il lui est également interdit de se remettre en marche avant le signal de la cloche donné par le conducteur d'avant.

ARTICLE 66.

Aussitôt le signal de départ donné, ainsi qu'il vient d'être dit aux articles 55 et 56, le mécanicien doit, avant d'ouvrir son régulateur, avertir par un coup de sifflet de la machine qu'il va se mettre en marche.

Ce coup de sifflet est obligatoire.

Il doit toujours précéder le démarrage d'une machine, quels qu'aient été le lieu et la cause de l'arrêt de cette machine.

ARTICLE 67.

Circulation. — Dans les cas exceptionnels où un train est poussé par une locomotive placée à l'arrière de ce train, la vitesse de marche ne doit pas être supérieure à 25 kilomètres à l'heure.

Quand une machine circule *tender en avant*, la vitesse de marche ne doit pas excéder 40 kilomètres à l'heure, si elle est attelée en tête d'un train, ni 50 kilomètres si elle circule isolément.

Par exception, et alors même que les machines circulent tender en avant, la vitesse des trains peut être portée à 45 kilomètres à l'heure, sur les sections suivantes :

1° Section de Paris à Vincennes et à la Varenne-Saint-Maur ;

2° Section de Longueville à Provins.

Dans toutes les circonstances où les machines circulent tender en avant, ce tender doit être dégagé de tous objets pouvant gêner la vue et être en outre armé de chasse-pierres.

ARTICLE 68.

A l'approche des stations, des passages à

niveau, des courbes, des tranchées et des souterrains, le mécanicien doit faire jouer le sifflet de la machine, afin d'avertir de l'approche du train. Il se sert également du sifflet comme moyen d'avertissement toutes les fois que la voie ne lui paraît pas parfaitement libre.

ARTICLE 69.

Lorsque deux trains ou machines se suivent à peu d'intervalle aux abords des souterrains, le second ne doit pas entrer dans le souterrain avant que le premier en soit sorti.

Les mécaniciens et chefs de train suivent, à cet égard, les prescriptions de détail insérées dans le Règlement des Signaux.

ARTICLE 70.

Dans l'intervalle des stations, lorsqu'un mécanicien dirigeant un train a exceptionnellement devant lui une machine ou un autre train en marche qu'il peut apercevoir, il doit, alors même qu'il ne lui est pas fait de signaux, s'en tenir à une distance d'au moins 1,000 mètres et ralentir sa vitesse lorsque, dans les courbes, ou pour toute autre cause, il perd de vue cette machine ou ce train.

Il n'est fait exception que pour les cas de détresse et de secours.

ARTICLE 71.

Aux points d'embranchement ou de bifurcation, toute machine circulant, soit sur les lignes principales, soit sur des embranchements, *doit s'arrêter 100 mètres avant le point de jonction de ces lignes.*

Les mécaniciens ne doivent, en conséquence, arriver aux disques qui protégent ce point qu'avec une vitesse égale à celle avec laquelle ils abordent un trottoir de gare d'arrêt, et ne rouvrir le régulateur que si le disque est effacé par l'aiguilleur de bifurcation.

Les dispositions du présent article sont également applicables à la circulation des trains aux abords des ponts mobiles construits pour la traversée des canaux ou autres voies navigables.

Si plusieurs trains se présentent ensemble aux aiguilles de bifurcation, les aiguilleurs ne doivent leur ouvrir la voie que successivement, de façon qu'il ne se trouve qu'un seul train à la fois dans l'espace compris entre les disques spéciaux qui protégent la bifurcation.

Il résulte de la règle ci-dessus que tous les disques étant fermés dans l'état habituel, tout train s'arrête et ne reprend sa marche que devant le disque spécial qui est effacé, les autres restant à l'arrêt.

ARTICLE 72.

A l'approche de tout point d'embranchement ou de bifurcation, le mécanicien doit indiquer aux agents préposés à la manœuvre des aiguilles la direction à faire prendre au train ou à la machine, en donnant, conformément à l'article 14 du Règlement pour les Signaux :

1° Un coup de sifflet prolongé, si le train doit aller à gauche ;

2° Trois coups de sifflet prolongés, si le train ou la machine doit aller à droite.

Ces coups de sifflet doivent être donnés distinctement, et à plusieurs reprises si cela est nécessaire.

ARTICLE 73.

Tout mécanicien, tout conducteur de train qui reçoit un signal d'arrêt ou de ralentissement, doit s'y conformer rigoureusement et sans hésitation aucune, qu'il sache ou non le motif de ce signal.

Si le conducteur du train est le premier à apercevoir le signal, il doit immédiatement serrer son frein, et s'empresser d'attirer l'attention du mécanicien par tous les moyens à sa disposition.

ARTICLE 74.

Tout chef de station qui reçoit un avis ou une dépêche relatifs à la marche, au service ou à la sécurité d'un train ou d'une machine, doit les transmettre *par écrit* au conducteur chef et au mécanicien.

ARTICLE 75.

Lorsque, pour une cause quelconque, la vitesse d'un train se trouvera momentanément ralentie au point de permettre à un homme marchant au pas de le suivre, le conducteur d'arrière descendra et mettra des pétards sur la voie, derrière le train, de distance en distance et au moins de kilomètre en kilomètre, tant que la vitesse du train lui permettra de le faire.

On devra habituellement, pour plus de sûreté, poser à la fois sur les rails deux pétards, l'un à gauche, l'autre à droite, à une distance de 25 à 30 mètres l'un de l'autre.

3

Pour une machine circulant isolément, le mécanicien fera prendre par son chauffeur les précautions indiquées ci-dessus.

ARTICLE 76.

A toute explosion de pétards, le mécanicien doit, par tous les moyens à sa disposition se rendre immédiatement et complétement maître de la vitesse du train.

Les conducteurs du train doivent vivement serrer leurs freins sans même attendre le signal du mécanicien.

ARTICLE 77.

Quand la vitesse du train est presque entièrement amortie et ne dépasse pas la vitesse d'un homme qui marcherait rapidement à côté d'un train, le mécanicien peut faire desserrer les freins. Il avance ensuite avec la plus grande prudence, en se réservant toujours la possibilité d'arrêter son train dans la limite de l'étendue de voie qui lui paraît libre.

Si, après avoir parcouru deux kilomètres dans ces conditions, le mécanicien n'aperçoit aucun obstacle devant lui, il peut reprendre la vitesse normale, mais en observant avec un redoublement d'attention la voie et les signaux qu'on pourrait lui faire.

ARTICLE 78.

Arrivée. — A l'approche des stations où il doit s'arrêter, le mécanicien doit prendre toutes dispositions pour que la vitesse de son train soit complétement amortie avant le point déterminé pour cet arrêt, et de telle sorte qu'il soit nécessaire de remettre la machine en action pour atteindre ce point.

Le conducteur chef du train et les garde-freins doivent, de leur côté, préparer leurs freins et se tenir prêts à les faire agir rapidement au premier signal.

Arrêts et Manœuvres des trains et des machines.

ARTICLE 79.

Arrêt. — Les agents des stations et ceux des trains ne doivent jamais perdre de vue que l'arrêt des trains sur la voie est l'une des causes d'accidents les plus graves, et que toutes les mesures de sûreté prescrites en pareille circonstance doivent être exécutées dans le plus court délai possible.

ARTICLE 80.

Sauf le cas de force majeure ou de réparation à la voie, les trains ne doivent s'arrêter qu'aux gares ou lieux de stationnement autorisés pour le service des voyageurs ou des marchandises.

ARTICLE 81.

Les arrêts aux stations sont obligatoires ou facultatifs.

Ils sont obligatoires à toutes les stations en

regard du nom desquelles figurent sur les affiches et livrets de marche des heures d'arrivée et de départ.

Ils sont facultatifs, lorsqu'en outre du temps calculé pour parcourir à une vitesse déterminée la distance comprise entre deux gares indiquées comme ne pouvant être franchies sans arrêt, il est accordé un intervalle de temps qui varie suivant le nombre et l'importance des stations intermédiaires où le service de la petite vitesse peut nécessiter des arrêts ou des manœuvres pour remise ou enlèvement de marchandises.

Ces intervalles sont indiqués d'une manière collective sur les livrets de marche dans la colonne spéciale des *arrêts facultatifs*.

Si l'arrêt n'a pas lieu à l'une des stations intermédiaires, la durée du stationnement dans les autres peut être augmentée de tout le temps qui n'a pas été dépensé.

Dans le cas où les stations intermédiaires

3.

n'utilisent pas le temps accordé pour arrêts facultatifs, la vitesse de marche du train doit être réduite de façon à ne pas arriver avant l'heure réglementaire à la station pour laquelle il existe un arrêt obligatoire.

Le mécanicien ne doit jamais, en conséquence, franchir la station qui précède cette dernière avant l'heure indiquée au livret de la marche des trains.

ARTICLE 82.

Dès qu'un train est complétement arrêté, quel que soit d'ailleurs le point où a lieu l'arrêt, les freins doivent être *immédiatement* desserrés, lorsque sur le point occupé la voie est en palier.

ARTICLE 83.

Quand l'arrêt du train, soit dans les stations, soit en dehors des stations, a lieu sur une partie de voie en pente ou en rampe, au lieu d'être desserrés aussitôt l'arrêt, ainsi qu'il vient d'être dit à l'article précédent, les freins doivent rester serrés jusqu'au moment où le mécanicien prévient, par le coup de sifflet réglementaire, que le train va se remettre en marche.

ARTICLE 84.

Toutes les fois qu'un train (ou une machine) est arrêté dans une station, il doit être couvert pendant tout le temps de son stationnement sur les voies principales, et après son départ pendant les intervalles prescrits, au moyen des dis ues avec ou sans sonneries électriques destinés à protéger la station, et, à défaut de ces disques, par des signaux mobiles portés à distance réglementaire. (Art 85.)

(*Voir à la fin du présent Règlement, le tableau annexe A, où sont désignées les stations dont les disques doivent être pourvus des répétitions électriques prescrites par décision ministérielle du 16 février 1861.*)

ARTICLE 85.

Lorsque, pour un motif quelconque, un train vient à s'arrêter sur la voie, en dehors de la protection des signaux fixes, le conducteur d'arrière, sans s'informer de la cause de l'arrêt, doit se porter immédiatement en arrière au pas de course, pour faire, à *mille mètres* au moins, les signaux d'arrêt qui doivent protéger le train.

Lorsque l'arrêt se produit sur une pente dont la déclivité dépasse 5 millimètres par mètre, ou à moins de 200 mètres au delà de cette pente, le signal d'arrêt doit être porté à une distance d'au moins *douze cents mètres*. Si la déclivité de la pente dépasse 8 millimètres par mètre, la distance ci-dessus doit être d'au moins 1,500 mètres.

Par contre, lorsque l'arrêt se produit sur une rampe de plus de cinq millimètres par mètre, ou à moins de deux cents mètres au delà de cette rampe, le signal d'arrêt peut n'être fait qu'à huit cents mètres à l'arrière du train arrêté.

Ce devoir doit être accompli *sans la moindre hésitation* et quelque assurance qu'on puisse avoir qu'aucun train, qu'aucune machine ne doit survenir.

Dans le cas où l'arrêt est commandé par un disque, les agents des trains doivent se conformer aux prescriptions de l'article 4 du Règlement sur les Signaux approuvé par la décision ministérielle du 13 juillet 1868.

ARTICLE 86.

Lorsqu'un train est en détresse sous un tunnel, le chef de train doit immédiatement pourvoir à la sécurité de son train en le faisant couvrir à la distance réglementaire, mais toujours en dehors du tunnel.

ARTICLE 87.

Tout agent qui se porte à l'arrière d'un train pour le protéger, doit être porteur, le jour d'un drapeau rouge, la nuit d'une lanterne rouge avec les moyens de la rallumer si elle venait à s'éteindre, et, le jour comme la nuit, de signaux-pétards.

Le conducteur chef du train doit s'assurer si le garde-frein est parti pour couvrir son train.

Au besoin, il se portera lui-même à l'arrière du train pour le protéger.

ARTICLE 88.

Si l'agent envoyé ou qui s'est porté à l'arrière d'un train rencontre un agent ou un ouvrier de la voie, il doit le charger d'assurer les signaux aux points convenables s'il a reconnu que cet agent ou ouvrier est porteur des signaux nécessaires; il revient ensuite à son train.

S'il n'a rencontré personne et si sa présence au train est utile, ou s'il y est rappelé, il doit mettre, avant de revenir, des pétards sur les rails, afin de prévenir le mécanicien de tout train ou de toute machine qui surviendrait.

On devra, pour plus de sûreté, poser à la fois sur les rails deux pétards, un à gauche, l'autre à droite, à une distance de vingt-cinq à trente mètres l'un de l'autre.

Par un temps humide, le nombre des pétards employés devra être porté à trois, espacés de la même manière.

ARTICLE 89.

Il est formellement interdit à l'employé qui aurait été chargé d'assurer les signaux à l'arrière d'un train de revenir à son train, même lorsqu'il y serait appelé, s'il n'a pu :

Soit charger un agent de faire les signaux d'arrêt ;

Soit, à défaut d'agent, placer les pétards à la distance réglementaire.

Il est encore interdit au conducteur chef du train de rappeler l'employé chargé d'assurer les signaux, et à ce dernier de revenir, lorsqu'il y a lieu de présumer que les machines sont pourvues de chasse-neige, ou lorsqu'on attend soit un train, soit une machine, sur la voie où stationne le train arrêté.

ARTICLE 90.

Si, après avoir laissé des pétards derrière lui, le train arrêté peut repartir, et si, en même temps, au moment de la reprise de sa marche, les conducteurs du train n'ont pu encore se mettre en rapport avec un garde-ligne, ils doivent, dès qu'ils en rencontrent un, l'informer des causes et du lieu de l'arrêt, de l'heure à laquelle le train s'est remis en marche et du point où sont placés les pétards.

A cet effet, le conducteur chef du train doit, avant la reprise de la marche, donner ordre au mécanicien de s'arrêter là où sera rencontré le premier garde-ligne.

ARTICLE 91.

Dans le cas où le garde-frein chargé de faire les signaux d'arrêt à l'arrière d'un train ne rencontre pas de garde-ligne pour se faire remplacer, et qu'il n'est pas rappelé à son train quand celui-ci se remet en marche, il doit le laisser partir, et, vingt minutes après, se rendre à pied à la station voisine, pour de là se diriger par le plus prochain train vers le point où le réclame son service.

ARTICLE 92.

Les prescriptions des articles 85, 86, 87, 88, 89 et 90 sont également obligatoires pour toute machine isolée qu'une cause quelconque force à s'arrêter en pleine voie.

Le mécanicien et le chauffeur agissent alors comme il vient d'être indiqué pour le conducteur chef du train et le ou les garde-freins.

Article 93.

Manœuvres. — Dans tous les cas où, pour les manœuvres à effectuer, soit dans les stations, soit sur tout autre point de la ligne, il y a lieu de faire une coupure dans un train, toutes dispositions doivent être prises pour que la partie du train avec laquelle on ne manœuvre pas ne puisse être mise en mouvement.

A cet effet, tous les freins qu'elle renferme doivent être serrés, et rester tels jusqu'au moment où, les diverses parties du train étant raccordées, le signal de la reprise de marche est donné. Si, à raison de l'état des rails, de la violence du vent, de la déclivité de la voie ou de toute autre cause, il est à craindre que l'action des freins ne soit insuffisante, les wagons doivent, en outre, être calés.

Dans ce cas, l'attention du mécanicien doit être particulièrement attirée sur la nécessité d'éviter pour cette partie du train toute secousse lors du raccordement.

Les chefs de gare doivent veiller à ce que les wagons ou groupes de wagons stationnant sur les voies ne puissent se mettre en mouvement spontanément, soit par l'action du vent, soit par toute autre cause. A cet effet, ils feront serrer les freins, et en cas d'insuffisance de ces appareils, ils feront caler un ou plusieurs wagons avec des pièces de bois passées dans les roues d'un même essieu.

ARTICLE 94.

Toutes les fois qu'un train ou qu'une machine sont garés la nuit, les signaux d'arrière doivent être enlevés ou effacés pendant le temps du garage, afin qu'ils ne puissent induire en erreur les mécaniciens des trains ou des machines qui peuvent survenir.

Ces signaux doivent être rétablis dès que le train ou la machine quitte son garage.

Article 95.

Sauf dans les cas de retards connus, et dont il est question à l'article 90 ci-après, aucun train désigné par les tableaux et livrets de marche comme devant être garé à une station pour laisser passer le train qui le suit, ne doit repartir de cette station avant que le train en prévision du passage duquel a lieu l'évitement y soit passé.

Retards, Détresses et Secours des trains et des machines.

Article 96.

Retards.—En cas de retard d'un train, quelles qu'en soient les causes, le mécanicien doit, lorsque l'état du temps et les conditions de traction le permettent, faire tous ses efforts pour regagner sur le trajet qu'il lui reste à effectuer le plus possible du temps perdu pendant la première partie du parcours.

Néanmoins il ne doit jamais accroître la vitesse d'un train de plus de moitié de la vitesse normale de ce train.

En aucun cas, la vitesse d'un train ne peut excéder 100 kilomètres à l'heure.

Pour la descente des pentes d'une inclinaison supérieure à cinq millimètres par mètre, cette vitesse sera réduite au maximum de 60 kilomètres à l'heure.

ARTICLE 97.

Dans les gares de bifurcation, ainsi que dans celles de contact avec les lignes étrangères, le temps pendant lequel les trains en correspondance devront, en cas de retard, s'attendre entre eux, est fixé comme suit :

Nota. — Au point de vue de ces délais, les diverses sections du réseau sont divisées en *Lignes principales*, *Lignes transversales*, *Embranchements* et *Sous-Embranchements*.

1° Les lignes principales sont celles qui ont leur point de départ à Paris. Exemple : *Paris à Avricourt, Paris à Belfort, Paris (Nord), Soissons à Charleville*, et réciproquement.

2° Les lignes transversales sont celles qui relient directement deux lignes principales. Exemple : *Epernay à Reims, Châlons à Reims, Blesme à Chaumont, Chaumont à Pagny-sur-Meuse, Nancy ou Blainville à Gray* (Section de *Nancy à Vesoul*), et réciproquement.

3° Les embranchements sont les lignes qui ont leur point de départ sur une ligne principale (mais sans aboutir à une autre ligne principale) ou sur des lignes transversales. Exemple : *Nancy à Pagny-sur-Moselle, Blainville ou Lunéville à Saint-Dié, Gretz à Coulommiers*, etc., et réciproquement.

4° Les sous-embranchements sont les lignes qui ont leur point de départ sur des embranchements. — Les lignes d'intérêt local sont considérées comme des sous-embranchements, quel que soit leur point de départ.

1° LIGNES PRINCIPALES.

Les trains de deux lignes principales en correspondance directe s'attendront pendant 15 minutes.

Les trains des lignes principales attendront pendant 15 minutes les trains correspondants des lignes transversales ou embranchements.

2° LIGNES TRANSVERSALES.

Les trains des lignes transversales attendront pendant 20 minutes les trains correspondants des lignes principales.

Les trains de deux lignes transversales en correspondance s'attendront pendant 15 minutes.

Les trains d'une ligne transversale attendront pendant 15 minutes ceux des embranchements.

Les trains d'une ligne transversale qui n'effectuent pas le parcours total entre les deux lignes principales reliées, seront considérés comme trains d'embranchement.

3° EMBRANCHEMENTS.

Les trains des embranchements attendront pendant 30 minutes les trains correspondants des lignes principales ou transversales.

Les trains des embranchements en correspondance s'attendront pendant 15 minutes.

Les trains des embranchements n'attendront ceux des sous-embranchements que pendant 15 minutes.

4° SOUS-EMBRANCHEMENTS.

Les trains des sous-embranchements attendront pendant 30 minutes les trains correspondants des embranchements.

5° TRAINS-POSTE.

Les trains-poste sont affranchis des délais ci-dessus fixés pour l'attente des trains correspondants entre eux aux points d'embranchement et de bifurcation.

6° GARES EN CONTACT AVEC LES CHEMINS ÉTRANGERS.

Dans toutes les gares de contact, la durée d'attente, pour les trains de l'Est, est limitée à 10 minutes en cas de retard des trains correspondants en provenance des lignes étrangères.

Si, à l'expiration de chacun des délais spécifiés aux paragraphes 1, 2, 3, 4 et 6 ci-dessus, le chef de la gare dans laquelle séjourne un train apprend *d'une manière certaine* que le train attendu va arriver dans moins de 15 minutes, *il est autorisé* à prolonger de ce nouveau délai le séjour du train retenu en gare.

Dans tous les cas prévus par le présent article, les agents des trains et des gares doivent redoubler d'efforts pour que l'échange des voyageurs et des bagages s'effectue entre les deux trains dans le plus court espace de temps possible.

Les délais d'attente ne sont pas limités pour tous les trains qui passent sans transbordement des lignes étrangères sur les lignes de l'Est, ainsi que cela se produit à Soissons et Laon (entre les lignes du Nord et de l'Est), etc., le train de l'Est ne formant alors qu'un seul et même train avec le train correspondant de l'autre ligne. — Il en est de même pour les trains qui passent sans transbordement d'une section du réseau de l'Est sur une autre section du même réseau, ainsi que cela se produit à Charleville, pour certains trains (soit de ou vers Givet, soit de ou vers Thionville), etc.

ARTICLE 98.

Les conducteurs chefs de train doivent constamment se rendre compte du degré de l'exactitude de la marche des trains qu'ils accompagnent.

Si un retard, quelle qu'en soit d'ailleurs la cause, se produit en route, ils doivent, par un examen attentif du Tableau graphique et du Livret de marche des trains, se rendre bien compte de la situation de leur train par rapport aux trains qui le suivent ou le précèdent.

Dans le cas où le retard résulte de l'état de la machine, le conducteur chef du train doit se renseigner auprès du mécanicien, et se rendre compte de l'heure à laquelle il pourra atteindre la prochaine station.

S'il reconnaît la nécessité de s'y garer, il en fait part au chef de station ou à l'agent qui le représente, afin que le train soit garé.

En cas d'absence des agents de la station, le conducteur chef du train prend lui-même les mesures nécessaires pour faire garer le train.

Si le retard est tel qu'on puisse craindre

d'être rejoint par un train avant d'avoir atteint un point de garage, le conducteur chef du train doit faire descendre un garde-frein sur la voie pour faire, à la distance réglementaire, les signaux d'arrêt au train attendu.

— Après avoir arrêté ce dernier train et renseigné le mécanicien sur la cause de l'arrêt et la nécessité de n'avancer qu'avec précaution jusqu'au point où le train en retard aura été garé, le garde-frein rejoindra son train en prenant place dans celui qu'il aura arrêté.

ARTICLE 99.

Si, lorsqu'un train est ou doit être réglementairement garé pour éviter le train dont il est suivi, le chef de la station de garage apprend que ce dernier train est en retard, il doit, selon l'importance du retard annoncé, faire continuer le premier train jusqu'à celle d'entre les stations de garage suivantes où il lui est possible d'arriver dix minutes au moins avant l'heure à laquelle peut y passer le train en retard.

Si le train qui doit se garer est un train de marchandises suivi d'un train express ou poste, l'intervalle indiqué ci-dessus est porté à vingt minutes.

Il est toutefois interdit de faire partir quelque train que ce soit avant son heure réglementaire, en vue de ce changement de garage. (*Voir, à la fin du présent Règlement, le tableau annexe B, indiquant quelles sont les stations où il est possible de garer des trains.*)

ARTICLE 100.

Lorsque, au contraire, par suite de retard dans sa propre marche, quelle que soit d'ailleurs la cause de ce retard, un train, marchant à une vitesse inférieure à celle du train qui le suit, cesse d'avoir sur celui-ci, au départ d'une station ou en rou.e, une avance suffi-

sante pour pouvoir atteindre son point réglementaire de garaze dix minutes au moins
avant l'heure à laquelle doit y passer le train
suivant, ou vingt minutes s'il s'agit d'un train
de marchandises suivi d'un train express ou
poste, il doit, selon le cas, être retenu et
garé à la station dans laquelle il se trouve,
ou à celle située au delà, qu'il est possible
d'atteindre sans entraver la marche du train
suivant. Tout train ainsi retenu et garé ne doit
repartir qu'après le passage du train attendu.

Les dispositions ci-dessus sont également
applicables à tout train qui, sans être en retard, se trouverait cependant, par suite de
modifications dans sa composition, de l'état
de sa machine ou de toute autre cause, dans
des conditions à faire craindre qu'il ne de-
vienne un obstacle à la libre circulation du
train suivant.

ARTICLE 101.

Lorsque, par suite de retard, deux trains, l'un de voyageurs, l'autre mixte ou de marchandises, venant chacun d'une ligne différente, mais marchant vers une même direction, se présentent simultanément à un point d'embranchement, on doit d'abord faire passer le train de voyageurs.

Le passage doit de même être accordé de préférence, savoir :

1º A un train de voyageurs se présentant en même temps qu'un autre train de même nature, mais dont la vitesse est moindre ;

2º A un train mixte se présentant en même temps qu'un train de marchandises.

Si deux trains de même nature et de même vitesse se présentent ensemble, on doit faire passer d'abord celui qui, d'après l'organisation du service, doit arriver le premier à la station voisine.

Il n'est fait exception que si l'un des deux trains est, à la station voisine, en correspondance avec un autre train. Dans ce cas, on doit faire passer le train de correspondance le premier.

ARTICLE 102.

Lorsque, pour une cause quelconque, un train de voyageurs ne peut arriver à destination que plus d'une heure après le moment fixé pour son arrivée réglementaire, avis de ce retard, et autant que possible de sa cause, doit être donné sur la ligne par le télégraphe aux chefs de gare, qui doivent communiquer immédiatement la dépêche aux commissaires de surveillance. Cette dépêche doit, en outre, être placée en forme d'avis ou de placard dans le vestibule de chaque gare desservie par le train, de façon que le public connaisse les causes et l'importance du retar l du train attendu. Cet avis doit être enlevé aussitôt après le passage du train.

Lorsqu'un train d'embranchement, en retard, aura manqué le train correspondant de la ligne principale, la gare de bifurcation devra en aviser par télégraphe toutes les gares intéressées de la ligne principale. De même, quand le train de la ligne principale, en retard, aura manqué la correspondance avec un train d'embranchement, la gare de bifurcation avisera par télégraphe toutes les gares d'embranchement.

Les gares de passage, aussitôt qu'elles auront reçu la dépêche, devront placarder dans leur vestibule une afiiche indiquant le défaut de coïncidence.

Toutes les fois que, dans une gare chef-lieu de département, la préfecture sera immédiatement à proximité du chemin de fer, et qu'en outre le retard du train attendu aura été ou devra être assez considérable pour justifier les alarmes du public, le chef de gare fera porter la dépêche qu'il aura reçue au préfet du département.

La disposition précédente ne s'applique pas à Paris.

Article 103.

Détresse. — Secours. — Dans chacune des gares désignées au tableau annexe C placé à la fin du présent Règlement, des machines de réserve ou de secours sont entretenues constamment en feu et prêtes à partir, en prévision des retards ou des accidents qui peuvent se produire et nécessiter des secours.

Article 104.

Si, pour une cause quelconque, un train a besoin d'être secouru, la demande de secours doit être faite par écrit par le chef de train, et dans le plus bref délai possible.

Cette demande, indiquant :

1° La nature des faits motivant le secours ;

2° Le lieu précis où le train est arrêté; mentionne, en outre, si le wagon de secours est nécessaire, s'il y a lieu d'envoyer des hommes, et, enfin, sur les lignes à double voie, si le secours doit être envoyé à contre-voie.

La demande est portée de garde en garde jusqu'au poste télégraphique le plus proche, qu'il soit en avant ou en arrière, et transmise télégraphiquement au dépôt le plus voisin auquel elle est adressée.

En cas de dérangement des appareils télégraphiques, rendant momentanément toute communication impossible, la demande de secours doit être portée de garde en garde, soit jusqu'au premier poste télégraphique fonctionnant, soit jusqu'à destination.

Cette demande doit être visée au passage par les chefs de station, qui, en la signant, ont à mentionner l'heure à laquelle elle leur est communiquée.

Si la demande doit être portée en avant du train, elle peut l'être par la machine même, si celle-ci est en état de poursuivre sa marche seule.

Dans ce cas, le mécanicien règle sa vitesse de manière à ne pas avoir d'avance sur la marche réglementaire du train en détresse.

Article 105.

En cas de déraillement ou de bris d'essieu, le chef de train doit demander du secours à la fois à la station la plus proche et au dépôt le plus voisin.

Il doit laisser au mécanicien la direction des moyens à employer pour remettre sur les rails les véhicules déraillés ou en débarrasser la voie, et ne se préoccuper que de la surveillance de son train et de la prompte et complète exécution des signaux destinés à protéger ce train.

ARTICLE 106.

Dès qu'une demande de secours parvient à la gare de dépôt à laquelle elle est adressée, le chef de gare en donne immédiatement avis au Commissaire de surveillance administrative en résidence dans cette gare.

ARTICLE 107.

Toute machine envoyée au secours d'un train est munie de crics, pinces, prolonges, chaînes et tous autres agrès dont l'emploi peut être nécessaire.

Elle ne prend le wagon de secours avec elle que s'il a été demandé.

ARTICLE 108.

Lorsque deux trains, l'un de voyageurs, l'autre mixte ou de marchandises, attendus de directions différentes, demandent du secours en même temps, on se porte de préférence au secours du train de voyageurs.

Si, des deux trains, l'un est mixte et l'autre de marchandises, on doit d'abord secourir le train mixte.

Quand les demandes simultanées proviennent de deux trains de voyageurs dont l'un est express ou poste, et l'autre un train ordinaire, on se porte de préférence au-devant du premier.

Enfin, si les deux trains à secourir sont de même nature et de même vitesse, on se dirigera en premier lieu vers celui qui, d'après l'organisation du service, doit arriver le premier en gare.

ARTICLE 109.

Toute machine de secours est accompagné par le chef ou le sous-chef de la gare de dépôt, ou par un inspecteur de l'Exploitation.

Cette machine doit être dirigée avec prudence, siffler fréquemment pour prévenir de son approche les agents placés sur la voie, ralentir dans les courbes ainsi que sur les divers points où la vue est limitée, afin de pouvoir, sur ces parties de la ligne, être arrêtée autant que possible dans les limites qu'embrasse la vue au moment où la nécessité de l'arrêt est reconnue.

ARTICLE 110.

L'agent de l'Exploitation qui accompagne une machine de secours doit toujours, au moyen des Livrets et des Tableaux graphiques, se rendre compte de sa position par rapport aux trains qui le suivent ainsi qu'à ceux qui peuvent se trouver entre lui et le train à secourir, et régler la vitesse de sa marche en conséquence.

Cet agent doit, au besoin, faire garer les trains pour arriver plus tôt au train en détresse.

Quand il entre dans une partie de la ligne où la circulation de trains de balastage a été autorisée, il doit, jusqu'à ce qu'il ait rencontré ces trains garés, ou acquis la certitude que la voie est libre, ralentir sa vitesse et redoubler de précautions.

Si la machine de secours circulant seule marche tender en avant, sa vitesse ne peut en aucun cas être de plus de 50 kilomètres à l'heure.

Article 111.

Toute machine de secours qui se trouve dans le cas de pousser un train devant elle, doit éviter de conserver cette position plus longtemps qu'il n'est nécessaire.

A cet effet, à la première station où la disposition des voies le permet, elle doit se placer en tête du train secouru.

Article 112.

Le mécanicien de tout train qui suit une machine de secours est prévenu par la gare de dépôt qu'il est précédé de cette machine, et qu'il doit donner une attention particulière à ce qui se passe sur la voie.

Il est, en outre, informé du point où se trouve le train qui a demandé le secours.

ARTICLE 113.

Lorsque la machine d'un train en détresse est hors d'état de fonctionner, toutes les manœuvres doivent être exécutées par le mécanicien de la machine de secours, qui prend alors la conduite du train et de la machine, sous la direction de l'agent de l'Exploitation.

ARTICLE 114.

Si, par suite d'impuissance accidentelle de la machine, de surcharge ou de circonstances exceptionnelles, il devient nécessaire de dédoubler un train, soit en pleine voie, soit au départ d'une station, la première partie du train signale la seconde au moyen des

signaux d'usage ; et si cette seconde partie doit être enlevée par la même machine qui a remorqué la première, ladite machine porte en outre à sa partie antérieure le signal réglementaire destiné à annoncer son retour immédiat.

Dans ces cas de dédoublement, les trains garés pour laisser passer le train attendu qu'on a dédoublé ne peuvent quitter leur garage qu'après que la seconde fraction du train a pu être réunie à la première.

ARTICLE 115.

Pendant son stationnement sur la voie, la seconde partie du train dédoublé est confiée à la garde d'un conducteur, et couverte par ses soins, à la distance réglementaire, soit à l'arrière seulement, soit à l'avant et à l'arrière simultanément, selon qu'il y a lieu.

S'il a été entendu entre le mécanicien et le chef de train que la machine qui aura remorqué la première partie du train ne doit pas revenir à contre-voie pour chercher la seconde, on se bornera à faire les signaux à l'arrière.

Si, au contraire, il a été convenu que c'est en revenant à contre-voie que la machine qui aura remorqué la première partie du train viendra prendre la seconde, cette dernière devra être couverte à l'avant et à l'arrière, et ne se laisser pousser sous aucun prétexte par les trains ou machines qui pourraient survenir dans le même sens.

Dans ce dernier cas, le chef du train dédoublé devra donner, *par écrit*, au mécanicien l'ordre de revenir à contre-voie et l'assurance qu'il ne se laissera pas pousser.

Sur la présentation de cet ordre seulement, le chef de la station où aura été garée la première partie du train dédoublé laissera s'effectuer le mouvement à contre-voie.

ARTICLE 116.

Lorsque, par suite de rupture d'attelage, un train se divise en route, les conducteurs qui se trouvent dans la seconde partie du train doivent immédiatement serrer leurs freins, et, dès qu'ils ont obtenu un ralentissement suffisant pour pouvoir descendre sur la voie sans danger, employer tous les moyens en leur pouvoir pour arrêter complétement ce train.

Si le mécanicien qui s'aperçoit de cette rupture remarque que la partie du train laissée en arrière avance et tend à rejoindre la première partie, il doit, tout en faisant le nécessaire pour effectuer leur réunion, apporter toute son attention à prévenir un choc qu'un ralentissement trop brusque amènerait infailliblement.

Dans aucun cas, il ne doit reculer vers la deuxième partie, si elle n'est pas en vue et arrêtée, et si le mouvement de recul n'est précédé de l'entier accomplissement des mesures prescrites pour assurer la sécurité de toute circulation à contre-voie.

Trains supplémentaires et extraordinaires.

ARTICLE 117.

Tout train extraordinaire, mis en marche conformément aux prescriptions de l'article 45, doit être accompagné par un inspecteur de l'exploitation, ou, à son défaut, par un chef ou sous-chef de gare.

ARTICLE 118.

Dès que l'expédition d'un train extraordinaire est décidée, déclaration doit en être immédiatement faite au Commissaire de surveillance administrative, avec indication du motif de l'expédition du train et de l'heure de départ.

ARTICLE 119.

L'annonce des trains supplémentaires, extraordinaires, ou des machines isolées n'est pas obligatoire, les voies devant toujours être libres ou couvertes par les signaux, sauf les passages à niveau, qui sont soumis à une réglementation spéciale.

Toutefois, quand il est possible d'annoncer ces trains ou machines d'avance, ils doivent l'être par le train précédent au moyen des signaux à cet usage.

Lorsque les trains supplémentaires, extraordinaires, ou les machines isolées n'ont pu être annoncés, les mécaniciens doivent redoubler d'attention, et marcher avec les précautions nécessaires pour pouvoir arrêter en cas de besoin.

CHAPITRE III.

RÈGLES SPÉCIALES AUX TRAINS CIRCULANT SUR LES SECTIONS A DOUBLE VOIE.

———

Prescriptions générales.

———

ARTICLE 120.

Sur toutes les parties du réseau où il existe deux voies, les trains et les machines à mettre en circulation doivent toujours prendre et suivre *la voie de gauche* par rapport au sens du mouvement.

ARTICLE 121.

Toute circulation à contre-voie est formellement interdite.

Il ne pourra être dérogé à cette règle qu'en cas d'accident, de réparation des voies ou de secours, mais sous la condition absolue qu'aucun train, qu'aucune machine à faire circuler en sens contraire du sens normal, ne pourra effectuer ce mouvement avant que les agents entre lesquels il doit être concerté (chefs de station, chefs de train et mécaniciens) aient acquis la certitude, *par écrit* ou par voie télégraphique, que ce train ou cette machine ne pourront être rencontrés par un autre train ou une autre machine venant en sens opposé.

Les mécaniciens autorisés à circuler à contre-voie pour aller au secours d'un train en détresse devront marcher avec la plus grande prudence, et être toujours en mesure d'arrêter dans l'espace de voie qu'ils auront visible devant eux.

Trains en retard. — Trains en détresse. — Secours.

ARTICLE 122.

Lorsque le retard d'un train au départ d'une des stations indiquées au tableau annexe D dépasse dix minutes pour un train de voyageurs, vingt minutes pour les trains de marchandises et les trains mixtes, avis doit en être donné au poste suivant par une dépêche ainsi libellée : « *Le train n°... est parti avec un retard de...* » à faire suivre jusqu'à la première gare ayant une machine de secours, et, à partir de cette dernière gare, de dépôt en dépôt.

ARTICLE 123.

Lorsque, dix minutes ou vingt minutes après l'heure réglementaire à laquelle doit arriver un train de voyageurs ou de marchandises à une gare où existe une machine de secours, ce train n'est pas arrivé, et que cette gare n'a point reçu l'avis du retard prescrit par l'article précédent, on doit demander des nouvelles du train à la station précédente en lui passant la dépêche suivante : « *Avez-vous expédié à l'heure le train n°...?* »

Si la réponse est affirmative, la machine de secours doit être prévenue et se préparer à se mettre en mouvement pour aller au-devant du train en retard, savoir : après un délai de vingt minutes, pour les trains de voyageurs ; après un délai de trente minutes, pour les trains mixtes et les trains de marchandises.

Si, au contraire, la réponse est négative, les délais déterminés ci-dessus pour l'envoi des machines de secours ne doivent être comptés qu'à partir de l'heure où le train aurait dû arriver en conservant le retard annoncé.

ARTICLE 124.

Toutes les fois que la machine de secours est mise en marche, avis de l'envoi doit toujours être donné au poste suivant où il existe un dépôt de machines, au moment où cette machine de secours part.

La rédaction de la dépêche doit être :
« *La machine de secours part au-devant du train n°...* »

Lorsque, vingt minutes après le départ de la machine de secours, le train en retard n'est pas arrivé, une nouvelle dépêche doit être adressée au poste suivant, qui doit alors la transmettre à tous les autres postes, afin que les machines de secours ne se mettent point en marche. La rédaction en est :
« *Pas de nouvelles du train n°... au-devant duquel est partie la machine de secours. Le retard est maintenant de... Donner avis à tous les postes.* »

ARTICLE 125.

Dans le cas où les communications télégraphiques sont interrompues par une cause quelconque, et où les prescriptions de l'article 123 ci-dessus ne peuvent être mises à exécution, la machine de secours doit être

envoyée au-devant du train en retard,
savoir :

Après vingt minutes, pour les trains de
voyageurs ;

Après quarante minutes, pour les trains
de marchandises ou les trains mixtes.

ARTICLE 126.

Toute machine qui, dans les conditions
prévues aux articles **123** et **125**, se rend
au secours d'un train en retard, doit le faire
en suivant la voie normale, et s'avancer ainsi
jusqu'à la première station où des nouvelles
du train peuvent lui être données.

Si ces nouvelles ne laissent pas de doute
sur la prochaine arrivée du train en retard,
la machine doit attendre l'arrivée du train
et, suivant le cas, s'y accoupler ou le suivre
à distance pour rentrer à son dépôt.

Si les nouvelles reçues sont de nature à
faire penser que le train a ou peut avoir

besoin d'être secouru avant d'arriver, ou bien encore si on ne reçoit aucune nouvelle, la machine doit poursuivre sa marche jusqu'à ce qu'elle rencontre le train, puis, cette rencontre faite, continuer à s'avancer jusqu'à la station suivante, y changer de voie, revenir derrière le train en retard et, suivant le cas, le suivre à distance ou l'accoster, et le pousser jusqu'à la première station où elle pourra se mettre en tête.

ARTICLE 127.

En outre des cas de retard qui peuvent donner lieu à l'envoi de machines de secours, ainsi qu'il vient d'être dit aux articles 123, 124 et 125, toutes les fois qu'un train tombe en détresse pour une cause quelconque, le chef de train qui reconnaît la nécessité d'un secours doit en faire la demande et la transmission en se conformant aux prescriptions des articles 95 et 96 du présent Règlement.

Ces règles sont également applicables aux machines qui circulent isolément ; mais alors la demande de secours doit être faite par l'agent accompagnant cette machine. (*Inspecteur ou sous-inspecteur, chef ou sous-chef de gare, mécanicien.*)

ARTICLE 128.

Lorsqu'un train en détresse est croisé par un autre train ou par une machine isolée avant que le chef du premier train ait expédié sa demande de secours, cet agent peut arrêter le train ou la machine circulant sur la voie opposée, et le charger de sa demande de secours pour qu'elle soit portée jusqu'à la prochaine station, et de là, transmise télégraphiquement jusqu'à destination.

ARTICLE 129.

Quand le secours est demandé au dépôt d'avant, la machine appelée doit se rendre au secours du train en détresse en suivant la voie normale, et, après avoir rencontré le train, continuer sa marche jusqu'à la station suivante ; arrivée à cette station, la machine de secours doit y changer de voie, rejoindre le train en détresse, l'accoster, et, aussitôt qu'il est en état d'être remis en marche, le pousser jusqu'à la plus prochaine station où la disposition des voies permet de placer cette machine en tête du train.

Si, en se rendant au secours du train, la machine demandée en avant apprend dans l'une des stations situées sur son parcours que le train a pu se remettre en marche, il sera procédé comme il est prescrit par les paragraphes 1 et 2 de l'article 126.

ARTICLE 130.

Si, lorsque le secours est demandé en avant, il y a lieu de faire venir la machine *à contre-voie, le chef de train doit le mentionner par écrit dans sa demande de secours,* et avoir soin d'indiquer en outre que le train en détresse ne bougera pas avant l'arrivée de la machine de secours.

Toute machine ainsi demandée à contre-voie doit se porter au-devant du train en détresse en suivant la voie affectée à la circulation normale jusqu'à la station qui précède immédiatement le train à secourir, et ne commencer son mouvement à contre-voie qu'à partir de cette dernière station.

En pareil cas, il ne suffit pas que le train en détresse soit couvert à l'arrière, il faut encore qu'il le soit en avant par des signaux portés à la distance réglementaire.

Ce train doit en outre conserver l'immobilité la plus complète jusqu'à l'arrivée de la machine de secours. Il est formellement interdit de le laisser pousser par un autre train ou par une machine survenant à l'arrière.

Il n'est fait exception que si le secours n'a

pu être obtenu en avant, soit par suite d'interruption télégraphique dans cette direction, soit parce que le dépôt situé en avant n'a pas de machine disponible et qu'il a été nécessaire de transmettre la demande au dépôt en arrière ; dans ce cas, le chef du train en détresse pourra se laisser pousser, *mais seulement après avoir acquis* PAR ÉCRIT *la certitude* que, la demande de secours ayant été renvoyée en arrière pour les motifs indiqués ci-dessus, aucun mouvement à contre-voie n'aura lieu en avant.

Cette certitude devra être donnée au chef du train en détresse par une déclaration écrite du chef de la plus voisine station située soit en avant, soit en arrière du train, et où l'impossibilité de pouvoir obtenir le secours en avant aura été constatée ; et, à défaut de cette pièce, par la reproduction de la dépêche renvoyée au dépôt d'arrière, dépêche dont devra toujours se munir l'agent chargé d'accompagner la machine de secours, et qui devra être libellée comme suit :

« *Le train n°....... est en détresse au poteau n°.......— Il m'a adressé la demande de secours en avant. — Je ne puis communiquer avec........ — Envoyez le secours par derrière.* »

ARTICLE 131.

Les chefs de gare et les chefs de station doivent s'opposer à ce qu'aucune machine de secours circule à contre-voie, si l'agent de l'Exploitation dont cette machine est accompagnée ne produit pas une demande écrite de ce secours à contre-voie.

ARTICLE 132.

Lorsque aucune demande de secours à contre-voie n'aura été faite, et que, pendant l'arrêt sur la voie d'un train en détresse, un autre train surviendra, il devra être procédé comme suit :

Si les deux trains qui se suivent sont deux trains de voyageurs marchant à la même vitesse, et que le premier tombe en détresse, le second, après avoir accosté et poussé le premier jusqu'à la prochaine station, devra, autant que possible, être fondu avec lui si, avant de quitter cette station, la machine de secours n'est pas arrivée.

Le train ainsi groupé devra s'arrêter à toutes les stations qui auraient été desservies par chacun des trains isolés.

La machine du second train sera alors placée en tête des deux trains réunis, à moins qu'elle ne soit impuissante à les remorquer ensemble. Dans ce cas, elle poursuivra son chemin avec son seul train après avoir garé le premier, qui attendra la machine de secours.

Le train qui partira le premier emmènera les voyageurs du train garé pour toutes

les destinations où ce premier train s'arrê-
tera.

Si, au contraire, cette machine de secours
se trouve dans la station au moment où s'y
présenteront les deux trains, elle se placera
en tête du premier, qu'elle remorquera, et
le second suivra en observant l'intervalle
réglementaire.

ARTICLE 133.

Lorsque le train en détresse sera un train
de voyageurs, et le suivant un train de marchandises, ce dernier accostera le train de
voyageurs avec toutes les précautions vou-
lues et le poussera jusqu'à la première station.

Si la machine de secours y est arrivée,
elle prendra le service du train de voyageurs ; et la machine à marchandises, re-
placée ainsi dans les conditions où elle se
trouvait avant la rencontre du train de voya-

geurs, continuera sa marche en tête de son propre train, à moins que, pour pousser le train de voyageurs, elle n'ait été obligée de laisser son train sur la voie ; dans ce cas, si elle a pris toutes les précautions prescrites par l'article 140 pour revenir chercher son train à contre-voie, elle le fera et reprendra ensuite sa marche normale.

Si la machine de secours n'est pas arrivée et que les wagons à marchandises aient été abandonnés sur la voie, le train de voyageurs sera garé, et la machine à marchandises, après avoir été chercher son train et l'avoir garé, se mettra en tête du train de voyageurs et le remorquera.

Lorsque le train de marchandises entrera en gare en même temps que le train de voyageurs qu'il pousse devant lui, ce train de marchandises sera immédiatement garé, sauf la machine, qui, en l'absence de celle de secours, remorquera le train de voyageurs.

Quand arrivera ensuite la machine de secours, on lui fera prendre le service du train de marchandises, en différant les wagons que cette machine ne pourrait remorquer.

Les règles posées par le présent article doivent être également appliquées, savoir :

1° Pour un train de voyageurs à grande vitesse qui est suivi d'un train de voyageurs de vitesse ordinaire ;

2° Pour un train de voyageurs suivi d'un train mixte ;

3° Pour un train mixte suivi d'un train de marchandises.

Lorsque le train en détresse sera un train de marchandises, et le suivant un train de voyageurs, ce dernier, autant que le lui permettra la puissance de sa machine, procédera, pour débarrasser la voie, de la même manière qu'il est prescrit pour les trains de marchandises par le premier paragraphe du présent article, et continuera sa marche après avoir garé le train de marchandises.

Si, pour pousser le train de marchandises jusqu'à la station voisine et l'y garer, la machine à voyageurs a été obligée de laisser son train sur la voie, et qu'elle ait pris toutes les précautions prescrites par l'article 140 pour revenir rechercher ce train à contre-voie, elle le fera et reprendra ensuite sa marche normale.

Lorsque le train de voyageurs entrera en gare en même temps que le train de marchandises qu'il pousse devant lui, ce train de marchandises sera immédiatement garé et le train de voyageurs continuera sa marche.

ARTICLE 134.

Alors même qu'une demande de secours est déjà faite, un train en détresse peut toujours se remettre en marche si l'état de sa machine le permet, ou si la cause qui a déterminé son arrêt cesse d'exister.

Il n'est fait exception que si un mouvement à contre-voie est attendu en avant du train en détresse.

ARTICLE 135.

Tout train en détresse qui, ayant demandé du secours au dépôt situé derrière lui, cesse d'avoir besoin de ce secours et se remet en marche, doit s'arrêter à la plus prochaine station et y laisser à la machine de secours, lorsqu'elle se présentera, l'ordre de rentrer à son dépôt.

ARTICLE 136.

Quand une machine de secours demandée en arrière arrive sur le lieu où un train en détresse devait s'être arrêté et ne l'y trouve pas, elle doit continuer sa marche avec prudence jusqu'à la prochaine station, s'y renseigner sur la marche du train qui a motivé son déplacement, et continuer à se diriger vers le train à secourir, ou rentrer à son dépôt, suivant la nature des renseignements obtenus.

ARTICLE 137.

Lorsqu'un train sera en détresse sous un tunnel, le chef de train, après avoir pris les précautions prescrites pour couvrir son train à l'arrière, fera faire, soit par un second garde-frein, s'il en a à sa disposition, soit par le chauffeur de la machine, les signaux d'arrêt sur l'autre voie, de façon que le croisement d'un train attendu, marchant sur cette voie avec le train en détresse, ne se fasse qu'au pas.

ARTICLE 138.

Lorsque, par suite d'éboulement, de chute d'objets encombrants ou de toute autre cause analogue, la voie opposée à celle que suit un train ou une machine sera obstruée, le mécanicien de ce train ou de cette machine devra s'arrêter à la première station et y donner les renseignements nécessaires pour que les agents de cette station puissent arrêter et prévenir les trains circulant sur la voie obstruée, et, au besoin, les retenir en gare jusqu'à ce que l'on ait pu, soit débarrasser la voie, soit organiser sur la voie restée libre *un service de voie unique*, en se conformant, suivant les cas, aux prescriptions des articles 144, 145 et 146 ci-après.

Le mécanicien devra, en outre, prévenir les gardes-ligne qu'il rencontrera sur son passage, et montrer le signal rouge à tous les trains ou machines qu'il croisera avant d'arriver à cette station.

Ce signal sera, pour les trains croiseurs, une recommandation de ne plus s'avancer que précédés d'un homme marchant au pas gymnastique, jusqu'à ce qu'ils aient rencontré l'obstacle ou appris qu'il a disparu.

Article 139.

En cas d'accident interceptant à la fois les deux voies, si l'obstruction est produite par un train, toutes dispositions devront être prises par le chef de train pour que les signaux d'arrêt soient immédiatement portés à la distance réglementaire, de chaque côté du point obstrué.

Cet agent devra en outre prévenir les gardes-ligne les plus proches ainsi que les stations les plus voisines, et demander du secours au dépôt le plus rapproché.

Les efforts des agents de la Compagnie devront, en pareil cas, toujours tendre à dégager tout d'abord la voie la moins embarrassée, afin de pouvoir rétablir le plus promptement possible sur une seule voie la circulation interrompue.

Si l'obstruction des deux voies doit durer longtemps, le chef de train doit en informer les chefs des stations voisines, et s'entendre avec eux pour opérer le transbordement des voyageurs et des bagages d'un train dans l'autre, si deux trains doivent se présenter dans chaque sens, ou pour faire venir un train à vide pour opérer ce transbordement.

ARTICLE 140.

Lorsqu'une machine, dans le cas prévu par l'article 133, aura conduit jusqu'à une gare une partie de son train, et qu'elle devra revenir chercher la seconde partie à contre-voie, le mécanicien demandera au chef de train, pour le chef de la station la plus voisine, un ordre écrit et motivé de marche à contre-voie.

Trains supplémentaires. — Trains extraordinaires et machines isolées.

———

ARTICLE 141.

Tout train supplémentaire dont la marche est prévue par les affiches et livrets peut être mis en circulation, comme les trains réguliers de l'Exploitation, sans être accompagné par un agent spécial. (*Inspecteur, sous-inspecteur, chef ou sous-chef de gare.*)

Il en est de même pour les machines isolées qui rentrent à leur dépôt après avoir été accouplées, ou qui sont expédiées par une gare de dépôt sur un point donné pour y faire un train supplémentaire ou une double traction.

ARTICLE 142.

Toute machine isolée mise en circulation sur la ligne, soit pour être essayée, soit pour tout autre motif, sauf celui indiqué au dernier paragraphe de l'article 141 ci-dessus, doit être accompagnée par un inspecteur, ou, à son défaut, par un chef ou un sous-chef de gare.

ARTICLE 143.

Le passage des trains supplémentaires ou extraordinaires doit toujours être annoncé télégraphiquement aux gares de dépôt lorsque l'état des communications électriques le permet.

Circulation temporaire sur une seule voie.

ARTICLE 144.

Lorsque, sur une section du réseau exploitée sur double voie, une des voies sera obstruée par une cause quelconque, la circulation des trains sera reportée sur la voie restée libre entre les deux stations situées en deçà et au delà du point sur lequel se sera produite l'obstruction.

Les agents des stations et des trains se conformeront alors à toutes les prescriptions indiquées dans le Règlement pour la circulation des trains et des machines sur les sections à voie unique.

ARTICLE 145.

Si les deux stations entre lesquelles s'établira cette circulation accidentelle sur voie unique sont très-éloignées l'une de l'autre, et que la seconde voie ne puisse être rendue à l'exploitation dans un court délai, il pourra être placé des aiguilles et des postes télégraphiques en deçà et au delà du lieu de l'accident, et la circulation sur voie unique s'établira entre ces deux points, qui fonctionneront comme des stations ordinaires.

L'établissement de ce service exceptionnel sera réglé par des ordres de service spéciaux.

ARTICLE 146.

Dans le cas où la circulation sur voie unique ne doit avoir lieu que sur une faible partie de la distance séparant deux stations voisines l'une de l'autre, c'est-à-dire sur une étendue telle qu'il soit possible d'organiser un service de pilotage pour le passage des trains sur cette partie de simple voie, les règles à observer seront les suivantes :

1° Un employé pilote, muni d'un drapeau portant les mots *laissez passer*, sera désigné pour accompagner les trains ou machines sur la voie unique.

Il ne devra exister qu'un seul drapeau *laissez passer*.

2° Des gardes seront placés aux deux extrémités de cette voie.

Ces gardes recevront l'*ordre écrit* de ne laisser engager sur cette voie unique aucun train, aucune machine, sans la présence sur la locomotive de l'employé pilote muni du drapeau spécial.

3° Tous les trains et toutes les machines, quel que soit le sens du mouvement, devront être arrêtés avant leur entrée sur la voie unique.

4° Des signaux d'arrêt seront placés à l'endroit où l'arrêt devra s'effectuer.

5° Le premier train ou la première machine qui passera sur la voie unique, en sens contraire de la circulation normale sur cette voie, ne pourra, dans aucun cas, s'y engager avant que l'employé pilote ait reçu l'assurance que la voie est libre, qu'un garde est placé à l'autre extrémité, et que ce garde a reçu l'ordre écrit dont il a été question plus haut.

6° Une fois engagés sur la voie unique,

les trains devront éviter de s'y mouvoir avec trop de vitesse.

7° Le drapeau *laissez passer* sera tenu par l'employé pilote de manière à être rendu parfaitement visible. A la sortie de la simple voie, l'employé devra quitter la machine, et se porter au-devant du premier train, soit montant, soit descendant, qui doit se présenter.

ARTICLE 147.

Si, dans les cas prévus par les articles 144 et 145, il survient dans les communications télégraphiques une interruption qui rende impossible l'application du Règlement de voie unique, la circulation, tant que durera cette interruption, sera réglée par un ordre de succession des trains qui, dès le début du service sur une seule voie et en prévision de cette interruption, sera établi par celui des deux chefs des stations situées en deçà et au delà de la voie obstruée par lequel aura été mis en train le service de voie unique.

ARTICLE 148.

Chaque fois que, par suite d'accident, de réparation ou de toute autre cause, la circulation devra s'effectuer momentanément sur une seule voie, il sera donné connaissance au Commissaire de surveillance administrative des mesures prises ou de l'ordre de service adopté pour assurer la circulation sur la voie unique.

CHAPITRE IV.

MISE EN MARCHE ET CIRCULATION DES TRAINS SPÉCIAUX DE TROUPES, PENDANT LA NUIT.

En vertu d'une décision ministérielle portant la date du 30 septembre 1872, la mise en marche et la circulation, *pendant la nuit*, des trains spéciaux de troupes, sont autorisées exceptionnellement et sous réserve de l'exécution des dispositions suivantes :

ARTICLE 149.

§ 1er — Lignes à double voie. — Sur les lignes à double voie où il existe un service de nuit, les trains spéciaux de troupes seront traités comme les trains spéciaux affectés à d'autres transports, avec cette seule différence que les trains spéciaux de troupes, à raison de l'urgence qu'ils présentent, devront, *si l'autorité le demande*, primer les trains ordinaires dans l'ordre de succession des convois.

ARTICLE 150.

Sur les lignes à double voie où il n'existe pas de service de nuit, on fera connaître, lorsqu'il y aura lieu, au fonctionnaire qui fait la réquisition, qu'en raison des lenteurs qu'entraînent la préparation et la mise en marche des trains il peut y avoir avantage, tant pour la sécurité du service que pour les intérêts engagés, à différer le départ jusqu'au commencement du service de jour.

Si ce fonctionnaire persiste, les dispositions pour la mise en marche seront immédiatement prises par l'agent réquisitionné, comme s'il s'agissait d'un train de jour, et cela conformément aux prescriptions du Règlement en vigueur.

ARTICLE 151.

§ 2. — **Lignes à voie unique**. — Sur les lignes à voie unique, les chefs de gare qui auront reçu de leur inspecteur principal la délégation pour la mise en marche des trains supplémentaires dont l'itinéraire est tracé au livret, *auront aussi le droit de mettre en marche des trains spéciaux* pour transport urgent de troupes pendant la nuit.

ARTICLE 152.

Les chefs de gare qui n'ont pas reçu de leur inspecteur principal la délégation dont il s'agit, devront, lorsqu'ils recevront une réquisition pour une mise en marche de troupes urgente pendant la nuit, la transmettre, par la voie la plus rapide, au chef de gare ayant pouvoir de mise en marche. Celui-ci prendra de suite ses dispositions, déterminera les heures de départ et d'arrivée, ainsi que les principales conditions de la marche.

ARTICLE 153.

Sur les lignes où il y aura service de nuit, les gares situées entre la gare de départ et la gare d'arrivée du train spécial seront, par dérogation au Règlement, avisées par télégraphe, mais le train spécial ne pourra être mis en circulation avant que les agents intéressés à connaître l'avis de mise en marche en aient accusé réception par le télégraphe.

Si le télégraphe ne fonctionne pas, ou si seulement ses indications sont incertaines, le train ne pourra être mis en circulation qu'en suivant l'une des marches prévues dans l'organisation générale du service.

ARTICLE 154.

Sur les lignes où il n'y a pas de service de nuit, la gare de départ mettra le train en marche aussitôt qu'elle en aura reçu l'autorisation de l'agent ayant pouvoir, et elle avisera seulement la gare terminus de la section.

Si le télégraphe ne fonctionne pas, ou si la gare terminus, n'ayant pas de service de nuit, ne peut être avisée télégraphiquement, le train devra toujours être mis en marche ;

mais alors il devra s'arrêter complétement au disque de la gare d'arrivée, d'où l'agent chargé de l'accompagner se rendra près du chef de gare pour prendre ses ordres.

ARTICLE 155.

§ 3. — Prescriptions communes aux lignes à simple ou à double voie sur lesquelles il n'existe pas de service de nuit. — Le chef de gare qui ordonne la mise en marche des trains spéciaux, ainsi que les chefs des gares des circonscriptions successives, chargés d'assurer la continuité de la marche des trains conformément à l'article 161 ci-après, devront, *sans subordonner la mise en marche des trains à cette mesure,* requérir les gardes-chefs du service de la voie et leur indiquer la marche des trains.

Dès que les gardes-chefs auront connaissance de la réquisition, ils devront accompagner sur le parcours de leur section le premier train spécial dont le départ suivra leur arrivée à la gare. Ils auront à signaler aux mécaniciens les passages à niveau et les autres points de la ligne sur lesquels leur attention doit être appelée.

ARTICLE 156.

Si le nombre des trains que comporte le dé-tachement à expédier le rend utile, le service de nuit devra être rétabli sur le parcours des trains, mais on ne devra pas attendre ce rétablissement pour faire partir le premier convoi de troupes dont le chef de train sera chargé d'aviser toutes les gares et stations intermédiaires.

ARTICLE 157.

Lorsque la réquisition de mise en marche des trains spéciaux sera antérieure au départ du dernier train régulier d'exploitation, ce dernier train devra annoncer le premier train spécial qui suivra, au moyen des signaux réglementaires : *drapeau vert le jour, feu vert la nuit, placé sur le train du coté de l'entre-voie.*

Si, au contraire, la réquisition de mise en marche est postérieure au départ du dernier train, et si le premier train spécial doit être suivi d'un ou plusieurs autres trains spéciaux, le premier train spécial et les suivants devront chacun annoncer le train qu'il précède, au moyen des signaux indiqués ci-dessus.

Les mécaniciens devront donner plusieurs coups de sifflet prolongés aux abords des passages à niveau et des stations, pour appeler l'attention des agents de la voie et de l'exploitation.

ARTICLE 158.

Dès qu'ils auront vu les signaux annonçant les trains spéciaux, ou qu'ils en auront eu connaissance, les agents de la voie devront rétablir immédiatement le service de nuit, sans attendre aucune autre instruction, et maintenir ce service jusqu'au passage du dernier train ne signalant plus un train suivant.

ARTICLE 159.

Les agents du service de l'Exploitation désignés au 1er paragraphe de l'article 146 ci-dessus, informeront les chefs de section de la voie de la nécessité de rétablir le service de nuit, lorsqu'il y aura lieu. Ces derniers donneront les instructions nécessaires aux piqueurs pour que chacun surveille, dans sa subdivision respective, le rétablissement du service de nuit par les gardiens des passages à niveau qui auront été déjà prévenus autant que possible par les signaux prescrits à l'article 148 ci-dessus.

ARTICLE 160.

La vitesse des trains extraordinaires de troupes, *la nuit*, pendant l'interruption de service, ne peut excéder, même en cas de retard, le maximum de 25 kilomètres à l'heure.

Dès que le service de nuit est réorganisé, aussi bien que lors de la reprise du service de jour, la circulation des trains spéciaux de troupes rentre dans les conditions de service ordinaire. Leur vitesse n'est plus limitée à 25 kilomètres à l'heure: en outre, leur marche ne peut être arrêtée ni suspendue, autrement que pour les besoins de la sécurité ou d'un commun accord avec l'autorité requérante.

ARTICLE 161.

§ 4. — **Prescription spéciale.** —

Si le ou les trains extraordinaires doivent passer d'une circonscription d'inspection ou d'agent délégué dans une autre, ou sur un autre réseau, la gare expéditrice du train préviendra les chefs de circonscriptions successives et la gare de jonction, de manière à assurer, autant que possible, la continuité de la marche du train.

Clichy. — Imp. de Paul Dupont, 12, rue du Bac-d'Asnières.

Paris, Paul Dupont, rue Jean-Jacques-Rousseau, 41.

www.ingramcontent.com/pod-product-compliance
Lightning Source LLC
Chambersburg PA
CBHW062012200326
41519CB00017B/4776